누가 뭐라든

당신 꽃을

피워 봐요

누가 뭐라든
당신 꽃을
피워 봐요

글·그림 **재발견생활**

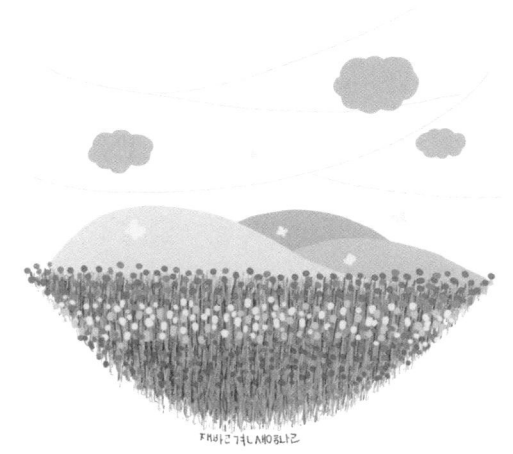

훨훨나비

작가소개

재발견생활

　　현재 네이버 블로그에 '재발견생활'이라는 아이디로 시와 손글씨 일러스트를 싣고 있는 블로거입니다. 국문학 전공자이면서 카피라이터, 전업주부, 디자이너로 젊은 날을 보냈습니다. 바쁜 생활 속에서 미처 발견하지 못한 일상의 아름다움을, 자신의 시선으로 재발견하여 시와 손글씨 일러스트로 표현하고 있습니다.

네이버 **재발견생활**
https://blog.naver.com/saengde
saengde@naver.com

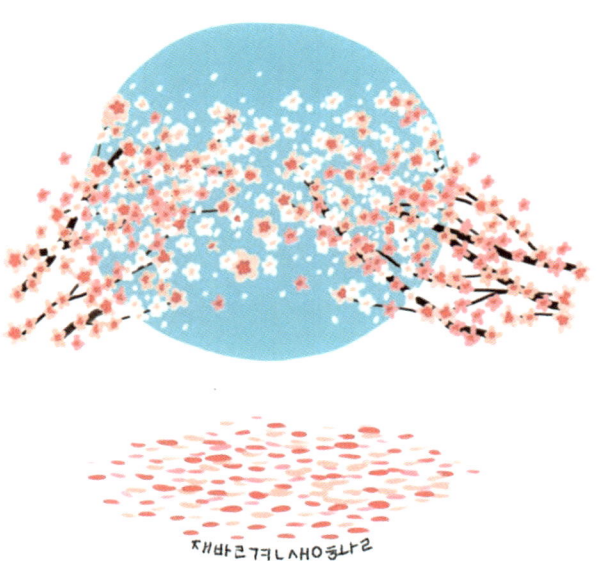

프롤로그

젊은 날은 폭풍과 같았습니다. 바빠야 안심이 되었던 것 같아요. 어느날 엄마의 죽음을 맞닥뜨리고 나서야 이 영혼의 불안한 질주를 멈추게 되었습니다.

오십이 넘게 되니 부모에게서 미래의 내 모습을 보고 자식에게서 과거의 내 모습을 보게 됩니다. 삶의 가치를 깨닫게 해 준 모든 인연에 감사하고, 인연 값이 헛되지 않게 하루를 온전하게 살기를 꿈꿔 봅니다.

나는 충분히 나의 꽃을 피우고 있는가. 대답 대신 서툰 솜씨가 부끄럽지만 시와 손글씨 일러스트를 처음 묶어 내어놓습니다. 제 나름의 꽃이라고 예쁘게 봐 주시길 바랍니다.

제 자신이 부끄러움에도 용기를 가지고 계속 글과 그림을 그릴 수 있도록 '좋아요'와 '댓글'로 응원해주신 이웃 블로거님들께 진심으로 감사드립니다.

차 례

작가소개 6

프롤로그 8

1부
꽃 나무의 재발견

누가 뭐라든 당신 꽃을 피워 봐요 14
꽃이 영토를 넓히는 방법　　16
꽃　　18
등나무　　20
어린왕자에게　　　　22
모란　　24
도라지　　26
라일락　　28
개망초꽃　　30
제비꽃　　34
벚꽃 인연　　36
대나무 숲　　38
갈대　　40
개나리　　42
사막의 장미 44
화살나무　　46
프리지어　　48

2부
생활의 재발견

내가 모르는 행복　52

낮달　54

만학도　56

밤산책　58

산비둘기　60

생일　62

새집증후군　64

내 친구는　66

열무김치　68

거미　72

다 큰 손녀가 그린 할머니　74

파도　76

우쿨렐레 연주하는 아가씨　78

우산　80

아버지의 편지　82

난 다음 세상에　84

어떤 시　86

보석　88

할아버지의 등　90

바다거북　92

어머니의 유언　94

신기한 달리기　96

달이 전하는 말　98

1부

꽃 나무의 재발견

누가 뭐라든 당신 꽃을 피워 봐요

작다고 피다 만 꽃 없고
크다고 사철 피는 꽃 없어요

꽃이 예쁜 건
하나하나 다르기 때문이고

꽃 핀 모습 기쁜 건
맨땅 뚫고 일어나
비바람에 굴하지 않고
초록으로 애쓰다가
자기만의 절정 펼쳤는데
어떻게 감동하지 않을 수가 있겠어요

옆 꽃 눈치 보지 않고
다른 꽃 부러워하지 않는
당당한 저 꽃처럼

기다릴게요
누가 뭐라든
당신 꽃을 피워 봐요

기다릴게요
누가 뭐라든
당신 꽃을 피워 봐요

꽃이 영토를 넓히는 방법

아까시꽃은
꿀 향기 마련해
벌과 나비 대접하고

민들레는
제 몸 가벼이 만들어
바람 불 때 기다린다

서늘한 때 핀
동백마저도
동박새 배 채워 줄
꿀 항아리 만드느라 바쁜데

찾아온 인연 후하게 대접하고
조바심 없이 지긋하게 기다려 본 적
손꼽아 헤아려 보니

이제야
내 땅 좁은 이유 알겠네

아까시꽃은 꿀향기 마련해
벌과 나비 대접하고
민들레는 제몸 가벼이 만들어
바람 불 때 기다린다

꽃

어디서 왔는지
어디로 가는지
아무것도 모르지만

여린 발 내밀어
세상에 나와
연습 없이 실전뿐인
삶을 지나다 보니

어느새
허공에 둥실 떠올라
나에게는 딱 하나
붉은 마음 남았다

재바려져나에오하나2

여린 발 내밀어 세상에 나와
연습없이 실전뿐인 삶을 지나다보니
어느새 허공에 둥실 떠올라
나에게는 딱 하나
붉은 마음 남았다

등나무

꼬이고 꼬인 인생길 줄기 삼아
나 여기까지 왔소

이제 와 생각하니
누구 잘못 따질 것 없이
얽히고설켰더이다

지난 세월
허물이야 왜 없겠냐만

오월,
세상에 나가 실패할까 두려운
당신의 그늘 될 수 있다면
기꺼이 고개 숙여
내 모든 꽃 바치리다

어린왕자에게

물 주는 이도 없고
덮개로 감싸주는 이도 없는
네가 떠난 사막에서

난 홀로 일어섰어

가시를 세웠던 지난날이 부끄러워
이젠 부드럽게 대할 줄 알게 됐어
목말라 늘 갈구했던 나는 잊어
내 안은 이제 고마움으로 가득 차 있어

언젠가 다시 만나면
어린 나를 키워주었듯
이젠 내가 너를 보살펴줄게

그때의 너와 난
어떤 모습일까
나도 궁금해

재바르게난새홍나르

언젠가 다시 만나면
　어린 나를 키워 주었듯
이젠 내가 너를 보살펴줄게
　그 때의 너와 난
어떤 모습일까 나도 궁금해

모란

만나면 상처받을까
다가서지 못하고
떠날 때를 염려해서
마음 주지 못하는 그대

이리 와서
온 힘 다해
푸른 목 아프도록 토해낸
내 사랑을 보아요

당신 모습 그대로
품어 안고도 남는
내 붉은 마음을

이리와서
　온 힘 다해
푸른 목 아프도록
　　토해낸
　내 사랑을 보아요
당신 모습 그대로
　품어 안고 남는
　내 붉은 마음을

도라지

여보 어제 스님 뵈러 갔다가
도라지 정과 내어 주시길래
먹으려다 말고
기침 잦은 당신 생각나
얼른 주머니에 넣어 왔소

옛날엔 할아버지 기침 소리에
큰 손녀가 도라지 캐 드린다 했는데
이젠 내가 당신 줄 도라지
챙길 나이가 되었으니
세월 참 빠르기도 하네그려

훗날
나 없이 맞이하는
어느 늙은 저녁 밥상에
언뜻
꽃잎처럼 살랑
도라지향 스치거든

당신이 너무 보고 싶어
내 잠깐
머물다 간 줄 아시게나

훗날
나 없이 맞이하는
어느 늦은 저녁 밥상에
언뜻 꽃잎처럼 살랑
도라지향 스치거든
당신이 너무 보고싶어
내 잠깐 머물다 간 줄
아시게나

라일락

벚꽃 지고 나서야
허리 휘도록 봄 짙어진
네 향기를 알아본다

여름은 어디 있나
보일락말락
닿을락말락

벚꽃지고 나서야
허리 휘도록 봄 짊어진
네 향기를 알아본다

개망초

앞집 황씨 얘기 들었어?
지난번 아들래미 왔다 갔잖어?
사업이 어렵다고 집 팔아 달라 해서
집 내놨다 그러더구만
공장이 오늘내일 오늘내일한다네

아니 그놈의 자식은
허구헌 날 그런대
쩌번 연말에도 얼마 해 가드니만
아니 여태까지 그러믄 어떡한대

그건 양반이여
우리 딸에 비허믄
이것이 마흔이 다 됐는디
결혼 말도 꺼내지 말라 그래서
내가 아주 속이 타네 속이 타

요즘 누가 결혼하간디?
집 사기도 힘들제 애 키우기도 힘들제

나더러 다시 아가씨 돼서 결혼하라 하믄
나 같어도 절래절래 하겠구먼

하긴 그려
갔다 다시 올 바에야
지들 편하게 살다 하든지 말든지
에휴 심간 편한 게 제일이여

옹기종기 둘러앉아
개망초 아지매들 사는 얘기

여름 볕 들판에
끝도 없이 펼쳐져 있네

재바리겨나 새○등나로

옹기종기 둘러앉아
개망초 아지매들 사는 얘기
여름 볕 들판에
끝도 없이 펼쳐져 있네

제비꽃

좋아도 좋다고 말 못 하고
싫어도 상처 줄까 싫다 말 못해서

환한 민들레 드문
인적 한가한 샛길에

밤새 쓴
보라색 편지 들고

당신이 지나가길
수줍게 기다리고 있네

밤새 쓴
보라색 편지들고
당신이 지나가길
수줍게
기다리고 있네

벚꽃 인연

봄과 맺은 화려한 인연
삶이 이렇게 아름다웠다니
누릴 수 없을 만큼 찬란하게 누리다

문득 찾아온 봄비
그대로 맞이하며 낙하하는 꽃잎들아

온 힘 다해 꽃피웠기에
가야 할 때가 올 것을 알고 있었던 것처럼
한 잎 미련 없이 내리는구나

인연이 오면 베풀고
인연이 가면 쉰다

어느 스님 말씀을
어느 전생에 벌써
깨쳤더냐

가고 오는 모든 인연
너만큼만 맺으련다

대나무 숲

실컷 욕하다 간다
맺힌 건 있어도
속은 없다

다시는 이런 일
없을거라 믿고 싶지만

찬 비 또 한 번
되게 맞고 나면
켜켜이
쌓일 후회

이렇게 못난 나도
맺히다
비우다 보면
언젠가
하늘에 닿을 테지

갈대

바람에 이리저리
흔들린다
나를 욕하지 마오

그대 얼굴에
날 선 바람 닿는 게
싫을 뿐이오

강물을 성가시게 한다
나를 욕하지 마오

그대에게 덮칠
큰물 달래느라
여기 서 있을 뿐이오

당신은 가끔
어느 석양 좋은 날
나를 찾지만

어린 생명들은
내 품에
불안한 미래를 맡긴다오

개나리

아침 식사 5분
화장 3분
속도의 질주 속에
나를 몰아넣다가

죽음이 종착역임을
깨닫고 나서야
내 집 앞 개나리 인사에
마음이 멈췄다

한 많은 겨울 속에서
봄을 데려왔소

고속도로 갓길
봄맞이 기념 폭죽인 줄만 알았던
개나리 다발이

노란 십자가 진
수도사인 줄
속도에서 탈출해서야
내 이제
알아보겠다

한 많은 겨울속에서
봄을
데려 왔소

사막의 장미

어린왕자 별에서
철새 따라 날아 온 씨앗

사막에 내려앉아
코끼리 같은 욕망
삼켜 뉘어버렸네

사막이 꽃밭이 될 때까지
말라도 말라도
하염없이 뿌려준
말 없는 비 덕분에

모진 세월
마침내 꽃피웠네
사막의 장미

꽃은 모른다네
어린왕자 비 되어
찾아온 줄은

보석 같은 고마움
눈물처럼
뿌리에 남아있네

사막이 꽃밭이 될때까지
말라도 말라도 하염없이 뿌려준
말없는 비 덕분에
모진세월 마침내 꽃피웠네
사막의 장미

화살나무

봄여름 지나도록
이름 없이 자라던 나무가

찬바람 들어올 때야
붉은 빛에 깜짝 놀란 이들이
이름을 물어온다

화살처럼 한 길만 날아
태양을 녹여
땅 위에 내려놓았다는 사실을

화살나무 열매를 먹고
병이 나은 노루는
이미 알고 있기에

눈물 글썽거리며
손바닥에 불이 나도록
손뼉을 친다

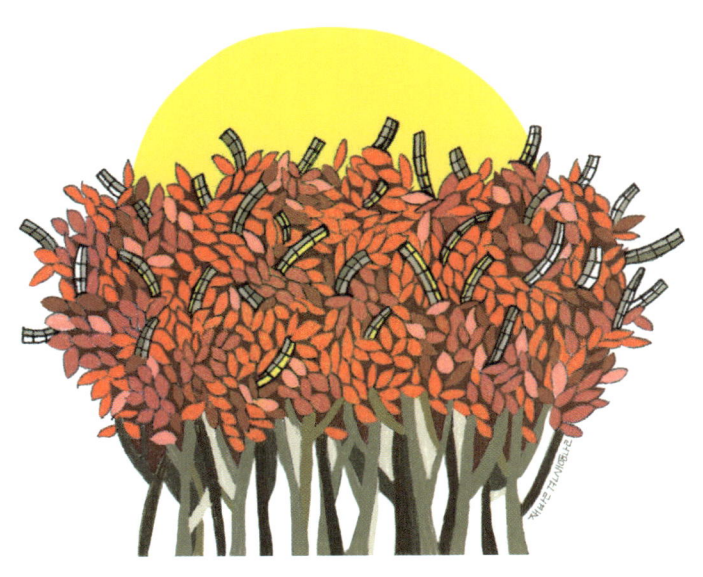

봄여름 지나도록
  이름없이 자라던 나무가
   찬바람 불어올때야
    붉은 빛에 깜짝 놀란 이들이
  이름을 물어온다

프리지어

오늘 술 한잔 했으니 제 얘기 좀 들어보실래요
제 친구 개나리 아시죠?
나 걔 땜에 죽을라 했잖아요
걔는 아무리 멀리 있어도 눈에 딱 띄고
때만 좋으면 큰길 가에서 사람들 우르르 인기 좋고요
추운데 그동안 고생 많았다 칭찬 듣고요
사실 저 시기 질투 장난 아니었어요
참 내,
저도 고생했거든요?
비닐하우스 안이지만 할 만큼 했다고요
남 잘되는 거 박수쳐야 되는데
내가 힘들다 보니 그게 잘 안되더라고요
큰 인물은 못되고 동네 꽃 시장 한 편에서
하루하루 살게 되대요
그런데,
그런데 말이에요
사람들이 그러는데 향이 좋대요, 제가
멀면 잘 모르고 가까이서 볼수록 매력있다고
그래서 힘이 난대요 절 보면
허 참, 그래서 죽을라 죽을라 했다가 다시 시작해보려 해요

남 잘난 거 이제 신경 안 쓰고 제 향기에 집중하려고요
꽃집 양동이에 담겨 살지만 다시 일어서렵니다
오늘 제 얘기 들어줘서 고마워요
사랑하는 사람 있으세요?
저 몇 송이면 그이 마음 얻을 수 있을지도 몰라요
당신의 시작을 응원해요

2부

생활의 재발견

내가 모르는 행복

날 때부터 소리를
듣지 못하는 아기에게
보청기를 끼워주는 영상을
본 적이 있다

처음 듣는 엄마 목소리에
울먹거리던 아기

수십 년 동안
세상 모든 소리를
다 들어왔던 나는
들을 수 있음에 감동하여
울먹거린 적이 없다

내가 모르는 행복
네가 있어서 안다

내가 모르는 행복
네가 있어서 안다

낮달

지쳐 잠들었다
다시 일어선 아침
누구보다 싱싱한 세포를 채웠지만
아직도 불안한 미래를 등에 지고
홀로 걷는 너

그 남은 그늘
마저 지워주느라
눈이 멀 것 같은
태양의 유혹 맞은 편에서

다시 밤이 와도
걱정하지 마
낮에 뜬
아빠 같은 달

재바르게 새하라

눈이 멀것 같은
　태양의 맞은 편에서
다시 밤이 와도 걱정하지마
　낮에 뜬 아빠같은 달

만학도

늦은 나이에 배운다는 것은

새로운 세상과
만나기 위해
기꺼이 아기가 된 것

실패할 자유를 얻기 위해
경력이라는
안전한 감옥을
탈출한 것이다

누리는 삶 대신
배우는 삶을 선택한 당신
서툰 한 걸음 한 걸음
빛이 되기를

누리는 삶대신
배우는 삶을 선택한 당신
서툰 한걸음 한걸음 빛이 되기를

밤산책

가까운 달
하나둘 켜지고
피로한 가로수 손 내밀어
눈부신 빛 살짝 가리면

낮 동안 엉켜버린
기억과 욕망의 실마리
한 발 두 발 풀어 놓는다

이미 다들 아는 얘기
그럴 수 있어
말없이 덮어주는
밤 이불이 고마워

아늑한 발걸음에
문득 짙어지는
그리운 얼굴 하나
얼굴 둘

가까운 달 하나둘 켜지고
피로한 가로수 손 내밀어
눈부신 빛 살짝 가리면
낮 동안 엉켜버린 기억의 실마리
한 발 두 발 풀어놓는다

산비둘기

아무리 높게 날아도
오래 날려면
땅에 내려야 해

흙길도 좋고
보도블록도 상관없어

머리가 땅에 박히도록
수천 번 조아리며
한 톨 두 톨 먹이 모으는 이유는

더 높이 날고 싶기 때문이고
아직 날개 덜 여문
어린 자식이 있기 때문이야

가진 것 하나 없는 나도
이렇게 살아
그러니 너도 살아

수천번 조아리며
　한톨두톨 먹이 모으는 이유는
　더 높이 날고 싶기 때문이고
　아직 날개 덜 여문
　어린 자식이 있기 때문이야
　가진 것 하나 없는 나도
　　이렇게 살아
　　그러니 너도 살아

생일

오늘은 당신이
꽃망울로 태어난 날

비가 와도 울지 말고
바람 불어도 쓰러지지 말고
당당히 이겨내라

해와 달은
단 한 번도 당신에게서
눈을 뗀 적이 없다

그러니 당신,
이 꽃도 아닌
저 꽃도 아닌
당신만의 꽃으로
후회 없이 활짝 피어나라

이 꽃도 아닌
저 꽃도 아닌
당신만의 꽃으로
활짝 피어나라

새집증후군

헌 집 떠나 새 집 간다
오래 살면 갱년기증후군
새 집이면 새집증후군
사람이 만든 것이 사람 공격한다니
무엇으로 치료하나 걱정 걱정하다

나무에서 난 참숯 피톤치드
깨끗한 공기 환기
며칠 걸려 자연 흠뻑 쐬었더니
이제야 마음 놓이고 쾌적하다

제아무리 첨단 달려도
나무 한 그루 꽃 한 송이가
제 한 몸 다 바쳐
사람 살려내는 셈이니

갓 지은 거대한 새 빌딩 보살피는 건
길 가 묵묵히 선 가로수 한 그루
그는 오래된 성자임에 틀림없다

갓지은 거대한 새빌딩 보살피는 건
길가 묵묵히 선 가로수한그루
그는 오래된 성자임에 틀림없다

내 친구는

누굴 미워할 줄 몰라요
엄마한테 혼나도 금방 풀어져요
거짓말을 하지 않아요
상상력이 기발해요
남의 눈치를 보지 않아요

내 친구는 ADHD입니다

내 친구는
누굴 미워할 줄 몰라요
엄마한테 혼나도
금방 풀어져요
내 친구는 ADHD입니다

열무김치

땡글 탱탱
어린 무가
파랗게 살다 죽겠다는 듯
쭉쭉 뻗은 무청
땅 밖으로 내지를 때

너는
우리 어머니 손에
냉큼 잡혀
소금에 절여졌지

칼로 다듬은 무 모서리
깎아 놓은 밤 같겠다
푸른 기운 싹둑싹둑
먹기 좋게 잘렸겠다

이제 넌
내 자식 입에
산삼같이 들어가면
딱 좋겠다

달콤 쌉쌀
어머니가 만드신
말 필요 없는 이 시원함
내 허기진 사랑
채우고도 남겠지만

새파란 가지에 엉킨
흰 머리카락 보니

어머니 푸른 청춘
쏙쏙 빼먹은 내 허물은
무얼 담가 채울지
눈앞이 흐릿
너 볼 낯이 없구나

새파란 가지에 엉킨
흰 머리카락 보니
어머니 푸른 청춘

쏙쏙 빼먹은 내 허물은
무얼 담가 채울지
눈앞이 흐릿 너 볼 낯이 없구나

거미

툭,

진동이다
옳거니, 저녁거리 잡았다

내 새끼들 신났구나
내가 지은 궁전 같은
내 집이 제일이다

어서 가자
늦저녁 찬바람에
반찬거리 떨어질라

툭,
진동이다
옳거니, 저녁거리 잡았다

다 큰 손녀가 그린 할머니

다 큰 손녀가 그린 할머니
나는 건강하다, 걱정없다 하셨는데
어느새 그 검던 머리
다 세고 또 세었네

기저귀 채우고
둥기둥기 어르던 첫 손녀
할머니 키 훌쩍 넘어
아가씨 되었는데

그 아가씨 할머니랑
뭐해야지, 뭐해야지
계획이 한가득이다

세월아,
이제사 할머니 청춘이다
너는 아기 되어
느릿느릿 기어가렴

세월아,
이제사 할머니 청춘이다
너는 아기되어
느릿느릿 기어가렴

파도

단 한 번 부딪혀
빛나는 파도로 살다
사라진다 해도

바다는 찬란한 파도를
끝없이 낳을 것이다

그것이 바다가 세상을
사랑하는 방법이기에

해도 달도 별도
밤낮없이 그에게
박수갈채를 보낸다

바다는 찬란한 파도를
끝없이 낳을 것이다
그것이 바다가 세상을
사랑하는 방법이기에

우쿨렐레 연주하는 아가씨

우쿨렐레
연주하는 아가씨
한 올 한 올 봄을 튕겨
노래 부르네

개나리 진달래 산수유
어느 꽃이 눈에 들어오랴

사람이 꽃이라는 말
그 말이 참말이다

개나리 진달래 산수유
어느 꽃이 눈에 들어오랴
사람이 꽃이라는 말
그 말이 참말이다

우산

세상이 아무리 험해도

우산 들고 뛰어갈 사람
우산 들고 뛰어올 사람
한 사람만 있어도

세상은 살 이유로 가득하다

세상이 아무리 힘해도

우산들고 뛰어 갈 사람
우산들고 뛰어올 사람
한 사람만 있어도

세상은 살 이유로 가득하다

아버지의 편지

다들 보거라 글재주가 없어 거칠더라도 나름 알아먹기 바란다 내 나이 이제 팔십을 바라본다 어릴 적에 집 나간 엄마 그래서 혼자였고 스무 살 넘어 마누라 얻고 자식 다섯 얻었어도 난 맨 앞에 서서 늘 혼자였다 밤낮없이 일했다 하지만 빚보증에 재산 흩어졌을 때 너희들은 가난해졌을 뿐이지만 나에게는 하나밖에 없는 형제를 잃고 가슴까지 홀랑 다 타버렸다 그 순간에도 난 혼자였다 다 자란 너희들에게 삶의 짐 떠맡길 때도 이상하게 난 혼자더구나 부모 덕 없이 자랐지만 내 자식들만큼은 최고로 키우고 싶었다 밥 먹는 거며 거동 하나하나 다 최고였으면 했다 나의 이 욕심의 그늘 밑에 너희들 자라게 한 것 용서해라 그러나 나는 이게 사랑인 줄 알았다 나는 최고의 아빠는 못됐지만 최선을 다했다 삶의 낙이 없을 때도 도박하지 않았다 정이 그리울 때도 딴 여자 맘속에 품지 않았다 이런 긴장이 힘겨워 엄마 품 대신 술 먹었다 아빠 등 대신 술 먹었다 그 순간만은 긴장이 풀리더라 나에게 주어진 일 열심히 했지만 밑도 끝도 없는 삶에 화가 나 강아지한테 화풀이하고 욕하니 그 순간만은 속이 풀리더라 이번 설에 시골 내려갔더니 백 살 바라보는 등 굽은 노모가 아들이라고 눈 빠지게 날 기다리더라 내가 모시질 못하니 그 어떤 핑계를 댄다 한들 난 하늘 볼 면목이 없다 손자 한 번 못 안아 보고 떠나게 되니 이것도 내 업보려니 하게 된다 난 최고를 꿈꿨지만 달리다 보니 잃은 것 투성이구나 하지만 이 서툰 내 사랑 방식이

맘에 들지 않더라도 어쩔 수 없다 사랑한다 내 자식들아 너희는 나처럼 살지 말아라 이 못난 애비가 남길 말은 이 한마디 뿐이다

사랑한다 내 자식들아
 너희는 나처럼 살지 말아라
 이 못난 아비가 남길 말은
   이 한마디 뿐이다

난 다음 세상에

넌 다음 세상에
무엇 되고 싶으냐

난 다음 세상에
물이 될 테야

목마를 풀을 보면
비가 될 테야

심심한 아이 곁에
얼음 될 테야

모난 돌 얼싸안고 뒹구는
냇물 될 테야

목마른 파랑새 적셔 줄
샘물 될 테야

에라,
다음 세상까지
기다릴 게 무어냐

넌 다음세상에
　　무엇되고 싶으냐
난 다음세상에
　　　물이 될테야
목마른 풀을 보면
　　비가 될테야

어떤 시

어떤 시를
쓰고 싶나요

열 한 살
내 자식이 읽고
착해져 잠이 들면

탁 트인
영혼의 물길을 따라

알몸으로 날다가
깨어나는 시

탁트인 영혼의
물길을 따라
알몸으로 날다가
깨어나는 시

보석

살다가 웃다가 울다가
일하다가 앓다가
만나다 헤어지다
사랑하다 미워하다
자라다가 늙다가
배우다가 잊었다가
기뻐하다가 슬퍼하다가
어느새

사람은
스스로 빛나는
보석이 된다

자라다가 늙다가
배우다가 잊었다가
기뻐하다가 슬퍼하다가
어느새
사람은 스스로 빛나는
보석이 된다

할아버지의 등

힘이 없구나
에구구구

칠십 년
근면성실의 파동들이
쭈그렁 살가죽에
위태롭게 매달려 있다

삼십 년 후
내 등짝이
힘없이 누워있다

할아버지 시원해요?
칠 년 된
연한 손가락들이
이리 주물 저리 주물
재미 삼아
치대고 보니

어느새
지친 살가죽에
웃음이 도네

할아버지 시원해요?
칠년된 연한 손가락들이
이리 주물 저리 주물
장난삼아 치대고 보니
어느새 지친 살가죽에
웃음이 도네

바다거북

내 고향 남쪽바다
그곳에서 날던 나를
세상 사람들은
느리다고 말들 한다

이 작은 땅 위에서
더 빨리 가라는데
열심히 가 봐야
내 고향 남쪽바다

얼마나 광활한지
말해주고 싶지만
상상도 못 할 걸 알기에
그냥 굳게 입을 다문다

가끔 무거운 등 짊어진
부모님 생각나지만
남들이 뭐라 하든
흐름을 거스르지 않고
만족할 줄 알기에
호흡이 편안하다

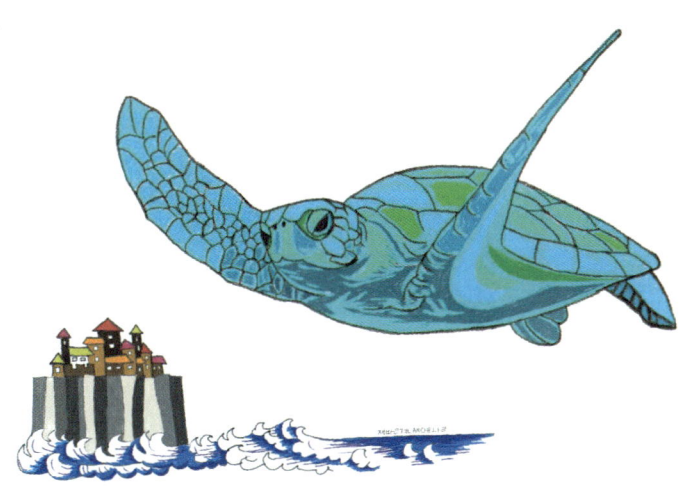

남들이 뭐라하든
흐름을 거스르지 않고
만족할 줄 알기에
호흡이 편안하다

어머니의 유언

육십 키로 헛헛한 몸과
금니 세 개
바이오 캔디 반 봉지와
언니가 준 오만 원
베개 밑에 남기고 간
어머니

썩은 몸 태워
뼛가루 날리며
허공에 쓰신
위대한 유언

내일이 더 있다 생각지 마라
이것이 너희의 미래다

눈 감고 귀 막고
삼 년 울다가
이제 겨우
말귀 알아들었더니

별처럼 총총
내 앞에 바짝 다가앉는
새까만 어린
눈동자들

재바르게 사라는

내일이 더 있다 생각지 마라
이것이 너희의 미래다
눈 감고 귀막고 삼년 울다가
이제 겨우 말귀 알아들었더니
별처럼 총총 내 앞에 바짝 다가앉는
새까만 어린 눈동자들

신기한 달리기

언니는 열 한 살
동생은 여섯 살
둘이서 신나는 달리기를 해요

언니는 동생보다 두 배는 크지만
오늘도 동생한테 아깝게 지는 달리기
동생이 막 뜀박질을 시작한 서너 살 때부터
언니가 한 번도 이긴 적 없는
신기한 달리기

저렇게 큰 언니를 내가 이겼다
동생 얼굴에서 터져 나오는
금빛 환호성
참말 어여쁜 그 얼굴을 보느라
언니는 자꾸자꾸 지는 달리기

언제쯤
언니가 이길 수 있을까요

그때쯤엔 동생도
언니만큼이나
마음의 키가
쑤욱 자랐을 테지요

재바르거니 새으흐나르

저렇게 큰 언니를 내가 이겼다
동생 얼굴에서 터쳐나오는
금빛환호성
참말 어여쁜 그 얼굴을 보느라
언니는 자꾸자꾸 지는 달리기

달이 전하는 말

달은 고루 비추어도
별들은 저마다 제 색을 낸다

어떤 별은 불공평하다 하고
어떤 별은 자기 빛이 싫다 한다

너는 아름답다고
알려 줄 방법이 없어

오늘도 달은
거울처럼 비출 뿐이다

너는 아름답다고
알려줄 방법이 없어
오늘도 달은 거울처럼
비출 뿐이다

누가 뭐라든 당신 꽃을 피워봐요

1판 1쇄발행 2022년 9월 15일

지은이 재발견생활
펴낸곳 훨훨나비
펴낸이 김기숙
기획/디자인 김기숙 고다현
주소 세종특별자치시 남세종로 503
전화 010-8456-1342
전자우편 saengde@naver.com
블로그 https://blog.naver.com/saengde
등록번호 제 2022-000038호
ISBN 979-11-979289-2-5(03810)
가격 12,000원

ⓒ2022 재발견생활
이 책은 저작권법에 따라 보호받는 저작물이므로 무단전재와 복제를 금합니다.
이 책 내용의 전부 또는 일부를 사용하려면 반드시 저작권자와 훨훨나비에게 서면동의를 받아야 합니다.